천칭만칭 구만 칭

천칭만칭 구만 칭

성춘희 시집

고두미

■ 일러두기
본문에서 > 표시는 단락 공백 표시로 쪽이 바뀔 때 연이 새로 시작된다는 뜻입니다.

□ 시인의 말

바람이 스치듯 지나간 말들,
젖 먹고 자란 숨결처럼
얼음의 울음을 듣고
달큰한 목화 향기가 되었다.

2025년 늦가을
성춘희

천칭만칭
구만 칭

차례

제1부 얼음의 울음을 듣는다

얼음의 울음을 듣는다	13
갇히다	14
오근자근	15
백일홍 조우	16
밥보재기 향기	18
미타사 광자	20
한 꼬뱅이	22
오도깝	23
철이 소원	24
정순 어르신	26
싸리꽃	28
봄날	29
섭들 아지마	30
복상꽃 한 타래	32
층꽃 이불	33
천칭만칭 구만 칭	34
복순 어르신	36

제2부 서쪽에서 온 마녀

오지의 마법사 ___ 39
꽃 도장 ___ 40
비 오는 바닷가 해당화 꽃잎처럼 ___ 42
물댄 논 ___ 43
팔월 ___ 44
모시루댁 ___ 45
문주방 ___ 46
갈아 엎다 ___ 48
빨간 우체통 ___ 50
동백산 ___ 51
금적사 풍경 ___ 52
폐교에서 ___ 53
안마도 ___ 54
속제비 미장원 ___ 55

제3부 정월 보름에 달불 놓고

굴참나무	59
밥 먹고 가	60
달불	62
야시시	63
막은골	64
뚱딴지 꽃	65
송구떡	66
쫌생이별	67
새깽이 감자	69
비질	70
배꼽마을 희분이	71
나비댁	73
패싸움	75
옥씨기 묵	76

제4부 하루를 밀고 가는 사람

발자욱 남기지 않는 오리처럼	79
꿀벌 아저씨	80
방울나무	81
낭구 보살	83
올미묵	84
별수국	85
땅꽃	87
요강꽃	88
체키화	90
용건 씨	91
시비 걸지 마	92
달롱대가리	93
아버지	94
꽃들은 위대한 장사	95
홍로자두	96
구름 인연	97
산당화	98
목화	99

제1부

얼음의 울음을 듣는다

얼음의 울음을 듣는다

한겨울 저수지 둑방 거닐다 보면
얼음장 아래로 꼬고공 콩콩 총소리 같기도
총소리라고 하기엔 악기 소리처럼 맑아
두터운 얼음판 겹겹으로 금이 가면서 내는 소리
듣기 좋아 한참 서서 기다려 듣곤 하지

얼마나 울고 나면 저토록 아름다운 소리를 내는가
눈물도 곰삭으면 음악 소리가 될까?

어릴 때
엄마가 양동이 얼음 깨서 먹는 걸 봤다
칼끝으로 양동이 얼음 조각을
으드득으드득 깨문 세월

종갓집 맏며느리로 산다는 것,
얼음 깨 먹고 많은 날 울고 나면
울음소리 노래가 되는 날
저수지 둑에 앉아 듣는 곰삭은 눈물 소리

갇히다

하늘은 멀건데
하얗게 비는 내리고
구급차에 몸을 맡기고
응급실로 실려 가는 길

정신은 멀쩡한데 몸이 맘대로
되지 않는다고 병원 좀 데려가 줘
징역살이하는 것 같아
저 속으로 들어가기 싫어
연락하지 않으려 했다고
갇히는 게 싫어서

아프다고 말해줘서 고마워요
이 비 그치면 바람 쐬러 가요
집중 치료실로 가는 길

하늘은 멀건데
비는 내리고

오근자근

얼마나 무디긴지 손을 한 번 안 잡아 봐썽
애는 우찌 낳았대 옆구리 쿡 찔르면 배가 불러 오능 겨
그냥 난 겨 으른들하고 같이 사니께 부끄런가벼
즈아부지 장에 좀 델고 가요 함 퉁시럽게 가긴 어딜 가냐고
벌통 삶아 먹는 소릴 혀썽 징글맞어 오근자근한 맛이 읎어

이태껏 편마비 수발 이십 년 요지랄로 사능 거 보면
팔자에도 없는 인연인가벼

백일홍 조우

겨울 채비로 털 실내화 장만하러
마트에 가던 날
짧은 커트머리 여학생이 다가와
어눌한 발음으로 부득 이거 쓰라고
아뇨 괜찮다고 하고 돌아서는데

얼마 만이야 어디 갔다 왔어
얼마 만에 보는 거야 반가워
우리 엄마

마법처럼 품 안으로 포옥 안겨 꼬옥 껴안고
깊은 숨을 내 쉬는 그녀를 뿌리칠 수 없는
짧은 순간, 늦가을 백일홍 같은
마른 등뼈를 쓰다듬거나 토닥이면서
괜찮아요 괜찮아

삽시간에 벌어진 나도 모르는 딸과
구름 같은 밥을 한 수저 떠 넣고
마법 같은 조우를 한다

>

백일홍은 잘 지내고 있을까?

밥보재기 향기

밤새 이고 온 별들을 내려놓고
부추꽃 피는 뒤안 장꽝 옆 굴뚝 모퉁이
가난한 친정집 입 하나 덜어 주라고
소 키우는 집으로 시집 보냈어
근데 시집도 별 수가 없더라고.
하필 버리깔갱이 죽도 먹기 힘든
보릿골로 시집 보냉 겨.
굴뚝과 굴뚝 사이 복궁딩이
하루에도 몇 번씩 털푸디기 앉아
퍼질러서 울고 앉은 그 자리
풀이 안 나고 빤질빤질했지.
숨어 우는 날, 소맷자락 마를 날 없고
옛날에 부역 나가 타다 놓은 밀가루에
쑥을 훌훌 뿌려 쪄서 덮어 놓으면
밥보재기에서도 배부른 향기가 났어.
버리쌀 삶아 덮어 놔도
콩비지 두부를 덮어놔도
앨여덟에 엄마 생각나면
밥보재기 안고 울기도 많이 혔어.
시어머이가 만만한 꼴을 봤나

골타구리 하면 보름씩 말 안 하고
짠찌쪽같이 부려먹어
그 덕에 못 하는 것 없이 잘 써 먹능 겨.

밥 냄새처럼 배부른 향기, 어디 또 있남?

미타사 광자

  비석마을에 살았던 광자, 공부 시작종이 울린 지 한참이 되어도 오지 않았다. 스르륵 뒷문이 열리고, 애기를 들쳐 업은 책보따리가 삐뚤빼뚤한 몽당머리로 아무렇지 않은 듯 제자리에 앉고, 매달린 책보를 찬찬히 풀어 놓으면 잠든 애기는 색색- 입을 오물거리고, 누구도 흘금거리지 않는 교실을 본다. 하얀 실로 듬성듬성 꿰맨 검정 고무신이 흙덩이를 달았던 쉬는 시간이 거기에 있다.

  우리 집에 애들이 많았잖어. 아부지가 광산에서 일하다 돌아가시고, 엄마 혼자 오 남매 거둘라니 막막했을 겨. 옷소매로 눈물 훔치는 거 여러 번 봤지. 학교 가지 말고 애나 보라는데 어린 맘에도 학교는 가야것더라고. 십오 리 길 동생 들쳐업고 당산나무에 절하며 댕겼지. 없는 집에서 애는 왜 그리 많이 난 겨. 엄마는 매냥 애를 업고 걸리고 품팔러 가니 누가 좋아라 하것어. 밭고랑에 털썩 앉아 울기도 엄청했다. 졸업하자마자 절미항아리 밑에 쌈지돈 꽁쳐 둔 거 훔쳐 갖고 토꼈어. 방직공장에서 밤낮으로 일하고, 버스 차장도 혀고 땟국물 벗겨 낼 수만 있다면 힘든 줄 몰랐지. 동생들 공부 갈키고 시집 장가 보내구, 엄마 모시면서 지금은 때깔나게 살구 있어. 가난 뒤엎는 일에 청춘을

다 보냈어도 억울하거나 후회는 읎어. 그땐 다 그러는 줄 알았으니까. 조금 늦어서 그렇지 야간 학교도 댕기면서 고등학교 졸업장까정 다 땄어. 부모 탓하거나 팔자 탓하지 않었어. 세상에 공짜는 없다고 절값으로 건강을 주셨나벼. 맘만 먹으면 다 잘 살아지더라구. 덕분에 얻은 게 많어. 내 등에 업혀 학교 왔던 동생, 잘 나가는 건설업체 사장 돼서 잘햐. 큰 부자는 아녀도 노후는 끄떡없어. 먹고살 만큼 돈도 뫄 놨고 하고 싶은 거 하면서 재밌게 살어.

반생을 훌쩍 넘어 마주한 금발 회색 모의 광자, 서랍 속 반짇고리의 실타래를 풀어 놓는다. 미타사 지장보살님의 가피로 내 절값은 건강이 되고 빛나게 살아 내고 있다고
  아침마다 바람으로 내 귀에 들어온다.

한 꼬뱅이

얼음장 깨고 홍역에 걸린 아이 업고
한내 개울을 건넜던 당신이
칼륨 수치 높아 심정지가 올 수 있다고
대추나무 껍데기 같은 검고 야윈 등 감싸고
깊은 어둠의 터널 속 혼자 걷는다

거문골 숯가마골보다 더 깊은
이번 꼬뱅이만 잘 넘겨 달라고
잘 넘기고 돌아와 기운 차리고

한 마디도 입 다실 일 없고
이게 무슨 사는 거냐고
진력나는 날들 앞에서
이건 살아 있는 게 아니라고
언제 오냐 아이처럼 보채기도 하는

이 고비만 하고 다급했던 간절함
한 꼬뱅이 잘 넘기고
바람 쐬러 간다

오도깝

꽃분홍 에나멜 뾰쪽구두 보라색 스타킹
즈엄마가 애끼던 미제 뻬니 바르고
동네 벗어날 때쯤이면 볼그족족
나름대로 뻬까뻔쩍 띠땅거리며

할미고개 넘어가는 꼬라지 좀 봐

쥐자욱만 한 발로 어딜 그리 싸댕기냐고
버쿠녘을 쳐도 눈도 꿈쩍 않고 오도깝을 떠는데
고 지랄로 까질러 댕기다 일내지 일내
짝달막한 키에 뽄데없이 겉멋만 들어서
으스대는 꼬라지라니

철이 소원

우는 법을 몰라서
한번도 소리 내어 울 줄 몰랐어
사내아이가 서른다섯
세상에 태어나 처음 울음보 터져
이틀 동안 토해 내는 눈물바람을 본다

표현할 줄 몰랐던 어눌함으로
엄마 미안해 아빠 보고 싶어요
얼굴도 모르는 아빠를 소환하고
우는 법을 몰랐기에 달래는 법도 모르는
이들을 부둥켜안고 울다가
약 부작용이라는 걸 알게 되었다

다섯 살에 아빠 잃고 눈을 맞추지 못해
조금 늦되나 했다
어느 기억에서 멈춘 성장이
혼자 할 수 있는 게 하나도 없지만
엄마가 몸살이라도 걸려 누워 있으면
엄마 아퍼? 엄마 밥 먹어
송아지처럼 커다란 눈망울로

근심을 짚어 주고
엄마 손 잡고 체온을 나누는 소원 하나

"하루만 더 곁에 있어 주세요"

정순 어르신

껑거무리한 저물녘 털푸디기 앉아
허리춤 흘러 내린 몸빼 바지 위로
고샅길 박덩어리 같은 엉덩이 허옇게 내놓고
꽃밭 콩밭 풀 뽑는다

뒤에서 살짝 겨드랑이 손을 넣어 일으키면
엉거주춤 걸음 떼며 박꽃처럼 웃는
담장에 내린 껑꺼무리 속으로
엉겅퀴 대바구니 이고 왔지

시골은 해가 일찍 떨어져 어둠이 금세 내려
바람에 휘휘 날러갈까버 신문지에 물 축여 덮고
하얀 소창으로 한 번 더 물을 뿌렸다우
씨가 싹이 날지 어쩔지는 엉겅퀴 맴이고
가져온 모종은 확실하니 잘 싱궈 보라고

접때 홀딱 반색하는 거 보니 여뻐서
까시는 까시락지고 지랄 맞어도 빛깔은 으뜸여

혼자 보면 뭬이가 좋아

좋은 것은 여럿이 봐야 좋제

싸리꽃

자질보레한 잎사귀에 잘조롬한 꽃 보고
촌스러워도 참 곱지 않냐 낭창거리는 게
들길 지날 때 분홍도 보라도 아닌 낯빛
잎새들은 누야 마음처럼 동글동글
누야 하고 부르면 언제든 어 하고
아버지가 싸릿가지로 만들어 준
종두래미 메고 은피라미 새끼 잡고
장등빼미 넘어 올 때 마타리 원추리
나비 잠자리 족대 끝에 매달려 오지

조금 깨추하고 촌시러워도
추하지 않게 살겠다고
언제나 부르면 어 하고
싸리꽃으로 웃어 주는
나의 누야

봄날

제비꽃 씨앗 터트리는 소리
애기똥풀 옆 괭이밥 자근자근 걷고
매발톱 아래 턱 괴고 앉은 고양이
연분 순분 개분 나누는 이야기 엿듣는다

복사꽃에 얼굴 대고 발그레한 길
처음부터 늙었던 건 아니었지
서너 걸음 하고 은빛머리 쓸어 올린다
구순이 될 줄도 몰랐고 쭈구렁 방탱이 주름
깊기도 혀 길이라면 골 타것어

금낭화 주책 바가지마냥 깔깔대며
쇠똥 굴러가는 소리로 웃고

우리가 만난 꽃은
우리가 만난 얼굴들

지나고 보면 보잘것없는 시절도
다 호시절 세월아 골타구리혀서 미안타

섭들 아지마

하루도 뺌할날 없었어
고구마 통가리 야곰야곰 있는 것만 파 먹는데 당해 낼 재간이 읎지
구랑당 같은 놈들 너이나 있어도 빈둥대기만 하지
어떤 놈 하나 나가서 부역질해 오질 않능 겨
을메나 부아가 나 그랴도 낭구해서 여다 팔고
씨부랄 여서 충주까지 갈래 봐 기차가 자주 있나
지금마냥 동네까정 버스가 들어오길 하나 걸어 걸어 삼방이길 넘어 가다 보면 한나절여
가다가 비라도 만나봐 지랄나는 겨 그랴도 어찌 하룻길 가다 보면 말도 보고 소도 보고
토깽이 새끼도 본다 혔어
약빨르고 야물었으면 뭐햐 아새끼들은 있는 힘껏 까질러 놓고
저승이 뭐 그리 달갑다고 마흔도 안 돼 가 번졌어 간이 퉁퉁 붜서
을메나 깝깝햐 제비새끼들마냥 아가리 딱딱 벌리고 있는 거 보면 어쩌겄어
된장 덩어리를 고기라 하고 멕였어 지금이야 돈으로 사는 시상

먹장구름 이고 댕기메 가슴에 장대비 쏟아져도 구랑당 같은 놈들 철나고
한여름 비 그친 산 무지개 뜨잖어 사는 게 그려

복상꽃 한 타래

허벅지 위 포갠 두 손 나비 내려앉은 듯 인사하면
덩달아 허리를 반절 구부리고 절하게 된다
이름 좀 써 보라고 하면 왜정시대 학교 마당도 못 갔어
애들 5남매 키우면서 어깨 너머로 가갸 갱신히 그리는 겨
연필을 들덜 않으니까 손이 떨려 잘 안 된다고

복상꽃 한 다발 끈나풀로 꽁꽁 쩜매 밀어 놓는다
손가락이 꼬부라지지 않아 엉망징창이라고
한참 쓸 거요 주고 싶어서 떠 놓고 기다렸지

산내키 백 발은 쓸데나 있지 늙은이 백발은 쓸데도 없고
까무룩 해 지면 달구 갈 수도 있어 안 달려 가면 또 봄세
수세미 이야기 한 타래 풀어 놓는 숙자 어르신

층꽃 이불

이름만 대면 알 만한 방송국 아나운서
정년 퇴직하신 김 선생 모시고
호정으로 밥 먹으러 가는 길

밥 시켜 놓고 층꽃 한자락 펼치시네
검지 손가락 마디 하나 없었어 봐
바느질은커녕 자수를 어찌 했겠어
이래봬도 이불 네 채나 지었다고

층꽃 이불 덮고 자고 싶다 했더니
잠은 부부만 같이 자는 거여 큰나 방송에 나와
같이 잔다는 게 아니고 이불만 덮고 싶다고
한바탕 활짝 접었다 피어나는 층꽃 이불

퇴직 후 심심풀이로 배운 야생화 자수
천상 여자 같다고 마누라가 시집보내 준대
프랑스 자수 다 배우면 손자 손녀에게
인형 만드는 할아버지 될 거라고

일흔 꿈 많은 청년

천칭만칭 구만 칭

  돈 좀 찾었으면 햐 자꾸 텔레비전에서 사람들이 절을 햐
  고마워서 돈을 좀 줘야겄어 맨날 절 하는 통에 미안해 죽겠어

  도적놈 새끼가 바까티 와서 잡으러 왔댜 늙은이 깔봐서 그려
  경찰에 신고하면, 그럼 더 지랄나

  딸만 시 개여 점 하나도 못 찍었어 즈아부지가 아들 본다고 작은댁을 아래채에다 들여 놓고는 매일 문주방이 닳도록 들락거리더니 배가 쪼매 불러 오데 에고 난 이제 죽었고나 했는디 스시로 아가 흘러 내렸어 그질로 내뺐지 시째네서 양자 하나 줬는디 갈켜서 내놓으니까 안 끄대와

  아고 도적놈들이 꼬이 갖고 천하의 나쁜 넘들 당할 재간이 읎지
  재랄을 떨고 유두갑질 혀도 선한 끝은 있다고 명이 질어 오래 살아
  늦복만 탔나벼 구십이면 구신이지
  >

사는 게 천칭만칭 구만 칭여

복순 어르신

   새북 두시 대문 열어 놔야 한다고 공부하러 간 아들 아직 안 왔다고 들락날락
   밥해 놔야 한다고 쌀 찾고 쇠고기 끈어 온 건 어디 뒀냐 혜심심하면 음석 맛이 안나 짭쪼롬하니 간이 배야지 괴기국은 푹 과야 구뚜름하니 잘 넘어가는겨

   홀딱 새고 난 밤 우째 머리가 흥둥구리 하니 어찔어찔햐 낮에는 앉아서 졸고 계시다
   밖에 비 온다고 비 설어지 해야 한다면서 쓰레기까지 다 들고 들어오고 아버지 조반 드실 시간 됐다고 하루 종일 밥을 하라고 국 올려 놨는데 불 좀 보라고 잡채도 해야겠다 수선 떨고 아버지 돌아가신 지 삼십 년

   화장실 변기 옹달샘이라고 걸레 빨고 세수하고 머리 단장까지 분 바르는 머리 흘러 내리면 갱충맞다고 꼭 머리띠 하고 시간이 몇 신디 아직도 이불 속이냐고 밤새 밥 하라고 밥타령 한다

   큰딸 옆에 두고 친구라 하고
   아흔둘 친구와 하얗게 쌀을 씻는 밤

제2부

서쪽에서 온 마녀

오지의 마법사

영월에서 태백으로 넘다가
한길가 오즈의 마법사 라고?

언덕 위 허수아비와 양철 나무꾼 옹기종기 모여 있을까
서쪽에서 온 나쁜 마녀는 소나무에 걸터 앉아
착하고 순한 사람들만 들어설 수 있다고 으름장을 놓고

느긋하게 걷다 보면 옥동천 헤엄치는 수달 등에 타고
어릴 적 달구지 타고 가듯 가고 싶은 곳

어처구니 없이 우기다 못해 무모한 내기 걸며
되짚어 다시 오지의 마법사라고 붙인 간판 앞에 서고

도로시와 친구들은 없어도
순한 사람들이 꿈꾸는 오지의 마법사

꽃 도장

대문 밀고 들어서는데 안마당이 웃는다
금낭화 사발꽃 작약 꽃양귀비 분홍달맞이
아는 대로 이름을 대다가
모란 앞에서 일부러 이건 이름이 뭐예요
꽃 이름 모르면 어뗘 맴으로 보는 겨

안방 베름빡 사각모 쓴 얼굴들 빼곡하여
훌륭하세요 자녀 분들 다 잘 되셨나 봐요
밭고랑 기댕기며 팔 남매 대학 공부 마쳐 놨드니
얼굴 디미는 놈 하나 읎어 어쩌다 전화 한 번 삐쭉
그게 다여 그게 단 줄 알지

도장 찍어 달라고 하는 내게
그런 게 어딨어 손가락으로 꾹
내 이름으로 된 거가 한 개도 읎어
죄 없는 쟤네들한테 씨부렁대는 겨

마룻바닥 뭉그적 뭉기적 밀고 내려가
옆으로 누운 꽃가지 끄나풀로 매어 주고
욕을 퍼지게 먹어도 삽삽하게 구는 건 쟈들여

\>
　이렇게 아플 줄 알았으면 일 좀 덜 할걸
　모란꽃으로 물드는 한 숨 한 떨기
　꽃 도장

비 오는 바닷가 해당하 꽃잎처럼

말기 암 환우들과 가족들 위한
찻자리 대접하고 돌아오는 길
고속도로 진입 후 '돌아가는 길'이라고

무의식에 의식을 입혀서 두고 온
외면할 수 없는 돌아오는 길에서
돌아가는 길엔 '다시'라는 말이 깃들고
사이가 있다
아픈 형제나 가족을 돌보고
누군가에게 의지할 수 밖에 없는
다 못한 마음 두고 오기 섭섭한
다 나으면 맛있는 밥 먹고 좋은 데 여행 가자
한결같은 바람 다시 돌아가 답을 찾거나
서운하지 않음으로 돌아와야 하는
비 오는 바닷가에서
해당화 꽃잎처럼 젖지 않길

물 댄 논

찰방찰방 잔물결 넘실거리고
햇물이 들어봐 을메나 여쁜지
모내기 기다리는 은빛 물결
한 포기 한 포기 모가 싱궈지고
논바닥이 푸르스름하면
보기만 하여도 맴이 그득하잖어
자식 키우능 거랑 똑같어

벼농사 자식 농사 누렇게 익어갈
물 댄 논

팔월

짜름짜름하니 뽈그족족햐
바람이 불어서 붉으디디하게 잘 익어
고추낭구가 씨리햐

작달막하고 고만고만한 사람들 서이
회푸대 하나씩 들고 고랑 맡아 들어간다

왜케 삶어 대는 겨 비가 을메나 오려고
먹구름이 둥둥 떠 있는 걸 보니 한 줄금 하겄네

금옥이네 봐 양파 감자가 대글대글햐
갸는 입도 재고 일도 재 마늘 한 톨 안 까고
된장 한 번 안 끓여 보고 시집 온 년이
흰소리 치고 살어 미깔시러

금세 고춧고랑 물 철름철름해지고
등너메 고추푸대 불그레
금옥이네 고추밭도 볼그족족
불볕에 고추 붉어 가는

모시루댁

서방이 박사랴 지가 박사여
야마리까지고 도얄도얄하기가 말 마
어서 주서들은 건 많아 가지고
아는 소리는 겁나게 해 쌓고
깝샥대는 꼴이라니
곗돈도 지 맘대로 못 내고 타 쓰는 주벤머리에
잘난 척허기는 꼴같잖어 쏘삭질이나 하고
물에 빠져 죽으면 입만 동동 뜰 거라 했어

남을 위하는 척 사바사바하지만 개뿔여
맴보가 맹맹이 콧구녕여
결국엔 지를 위한 겨 싹퉁머리 없이
저 아래 경원이네 집 똥개 새끼 있지
늙은 개라 그런가 아무따케나 짖지 않어
배우고 잘났으면 즘잖어야지
백어시마냥 디얄디알하게 살믄 누가 알아줘

아리고 쓰릴 게 없고 뒤가 캥기지 않게 살으야 뎌

문주방

목동으로 자랐다는 웅재 씨
소 띱기러 가서 뿔에 걸려
만신창이 되어 돌아가신 아버지
소똥밭에 묻고

목수일 배워 꿈을 짓고
기술이 좋아 남의 나라 가서
호주머니 두둑해져 왔지

뱃가죽 뜨뜻해지고 껍적대다가
떨어먹기도 여러 번
애들 넷 대학 마치고 살 만하다 했는데
딜컥 쓰러져 오른쪽 마비가 왔어

한쪽 발은 안에 두고
다른 한 발 밖에 두고
고걸 못 넘어가데
야 참나 얄궂데
당췌 떼지지가 않는 거여

>

수없이 넘나들었던 문주방 하나에
생과 사가 나란히 놓여 있지 뭐여

시상사 문주방 하나 사이여

갈아 엎다

　서방 됐다 국 끓여 먹을 거냐고 애낀다고 넘들이 욕할 끼봐
　달밤에 논둑 풀 베고 아우 진짜 개똥같은 소리만 해 쌓고 개코나 쌍화탕여
　사월은 갈아 엎는 달이랴

　얼나 하나 생기봐 헷구역질에 똥물 쓴물 노랑물 다 나와도 헛바람 똥바람질하고 댕기느라 거들떠도 안 봤어 가뜩이나 잘 알아듣도 못하는데 무슨 니미뽕 황이지 서방이래야 이름만 서방이지 허당였어 넘한티는 을매나 히픈지 웃음 쪼가리도 지 기집한티는 마뎠어 꼴방서니 한 번 지대로 못 봤어 세끝으로라도 쎄바닥이 닳도록 풍풍대기라도 했음 셋바늘이 솟을 겨 그라고 지 성제간에 하는 거 십분지 일이라도 하믄 내 들 서러울 겨 꾸정물을 뒤집어쓰는지 똥물을 쳐 발르는지 알게 뭔디 흔신짝 보듯 본 치 만 치 햇도 깨비로 살았지 그랴도 나가서 꼴방새이 꺼주해 뵐까버 반지롭하게 해서 내놨어 아이구 개코나 미친 겨 허궁다리 잡으러 싸댕기는 걸 뭘 이쁘다고 된장여 고치장여
　바지저고리 두 개 있다 세 개 되면 간다잖어
　참말로 맨날 허부적거리고 살다가 행긋하게 굴드라고

철드는가 싶더니 암덩이가 시 개 나와서 가 번졌어 하던 대로 살아야 했는디 맴보를 고쳐 먹응께 남의 살이 같았나벼 생긴 대로 살으야는디 갈아 엎으니

    연순이 엄마 햇도깨비한테 홀려 허궁다리 만지다 일흔 고개 넘었다

빨간 우체통

가슴 속에 빨간 우체통 하나 세워 두었어
언제든 소식이 닿을 것처럼

가게를 얻으러 다니던 날
문 앞에 우체통이 놓여 있는 집을 보았어
주저하지 않고 계약서에 도장을 입혔지

언젠가 오지 않는 편지는
곧 당도할 좋은 소식쯤으로
믿음이 있었고 기다림 끝에는
연착이 되었다 오는 기차 같은

먼 길을 묵묵히 기다리고 있는

동백산

터벅터벅 걷는 곁으로
살짝 얹은 손, 팔짱 껴도 돼요?
잡은 팔 제 가슴으로 바싹 끌어당기고
말없이 그저 겨울을 걸어가는

고르고 골라 만난 것이 너 아니더냐
웃는 날보다 우는 날이 더 많았지만
울음이 되는 순간까지도 눈부셨어

맨 처음 팔짱 껴도 좋았던
아무 말 없이 한쪽 팔 내어 주는

그대 가는 길 묻지 않았다

금적사 풍경

절 한 채 지었어요
대웅전, 스님, 보살 없는
허공에 일주문 달고

경을 외지 않아도 돼요
무엇을 달라고 백팔배를 하지 않아도
부모를 공경하고 이웃을 사랑하라고
귀신 씻나락까먹는 기도는 멧비둘기에게

괭이밥 물나생이 방가지똥 제비꽃
기러기 물까치 꾀꼬리 뻐꾸기 호루라기새
두더쥐 개박두디기 땅굴 파는 법문 듣고
풀 한 포기 나무 한 그루 말 걸지 않아도
바람의 경 들을 수 있다면

기도하러 멀리 가지 않아도 돼요
앉은 자리가 기도처니까요

폐교에서

　방학으로 텅 빈 교실 햇살만 가득하고 국기 게양대 펄럭이는 소리
　독서중인 소녀는 어디쯤에서 책을 펼치고 있을까 윤이 나게 기름칠하여 닦았던 골마루에선 아이들의 웃음소리 사라진 지 오래, 텅 빈 교정에 잡풀들만이 가득하고 창밖의 태양만 뙤약볕 고추밭처럼 붉다 교실 뒤 솔밭으로 스치는 한내 개울에서 멱감던 바람 소리, 도라꾸 지나가던 신작로 기차 지나며 기적 소리 울리면 대충 우리는 기차가 한 번 더 지나야 집으로 돌아간다는 걸 안다 현자 뒷머리에 허연 서캥이 번질번들 코때 묻은 소매 대나무 비닐우산 팔랑팔랑 빵모자만 한 배급빵 에~또 교장선생님 긴 조회 칸막이 벽 떼고 나면 커다란 강당에서 학예회 발표 열리고 숙제 안 해 오면 플라타너스로 둘러친 운동장 열 바퀴, 옛날 문설주에 기대어 빈 철봉대와 그네만 풍금 소리 맞춰 노래 부르고

　책 읽던 아이들은 어떤 꿈으로 익어 갈까?

안마도

장구 치러 간다

곰국 끓여 놓고
밥 덩이 얼려 두고
당분간 전화기는 off!

한 열흘쯤 뱃길이 끊겼으면
돌아갈 생각은 파도에 던지고

어설픈 장구 장단에
갈매기만 덩따궁따 덩따궁따 하는

족제비 미장원

햇살 아래 영글어 가는 꿈을 좇아서
집에 가는 길 멀기만 한데
해 지는 줄 모르는
족제비 미장원

아까시 잎새 훑어 머리카락 돌돌 말아
뽀글이 퍼머하고
족제비 싸리 연녹색 투명 매니큐어
붉은 줄기는 빨간색 매니큐어

더퍼꾸러기 대진 덕진
골려 주려고 바랭이 줄기 묶어
걸려 넘어지면 뒤로 벌렁 까지도록 웃고
뽀대나게 집으로 돌아가는 길

제3부

정월 보름에 달불 놓고

밥 먹고 가

뒤꼍에서 정구지 한 줌 베어 들고
이거라도 안 하면
당체 심이 없어 왜 이러나 모르겄어

말 기암 정순 어머니
핏기 없는 얼굴 그늘이 들고

그럼에도 처음 만난 나에게

밥 ~ 먹고 ~ 가~~~
밥 먹고 가~~~

극구 아니라고 거절하고 일어서는
밥도 한 번 얻어먹지 못한 사람처럼
그렁그렁 뒤돌아보게 하는 맘

흔히 밥 한번 먹자와는 결이 다른 말
이쪽에서 저쪽으로 건너갈 사이
지극하고도 간곡하게 밥을 건네는
세상에서 가장 큰 위로의 말

굴참나무

옹골지게 정을 쪼는 딱따구리
얼마나 지랄을 해 쌓던지
참다 참다 한마디 했어
그랬더니 귀먹은 년이라고
학교 문턱도 못 가본 년이라고
얼마나 쌀라대던지 한마디 던졌어
니들이 보태준 거 있냐
구십 먹은 늙은이 땅에다 정붙이고 산 죄밖에 없다
흙에다 맘 주고 산 게 뭐 그리 잘못이냐
느것들이 메라고 지랄을 해 쌓도
늙은이한테 그러는 거 아녀
땅·흙·바람·비에게 정붙이고 사니라
남은 건 검버섯과 흉칙한 주름밖에
저승길이 문턱 그냥 좀 냅둬

미셔워 잠 못 이루는 밤
헛것만 들리고 헛것만 보이는데
해살궂게 데려가지
쏴붙인 게 화근여 잡아간대도
그냥 참을걸

>
　굴참나무엔 딱따구리 또 와서 정을 쫀다

달불

가마니 치고 십리 길 걸어가
동태 한 마리 지게에 걸쳐 메고 오던 길
제우제우 입에 풀칠하고 사니라 참 욕봤어

질마재 소목 젬마 귀곡 귀걸 지령 상짓말
골람미 큰마 평촌 양촌 가래골 잿간에다
쌀을 파묻기도 하고
구들장 밑에 독을 파묻고 발라 버리고
그놈들 눈 가리느라 나락을 비면
다 공출하고
보리쌀 좁쌀 타서 죽 끓여 먹고
삼십 년도 넘게 곤궁하게 살다가
쌀을 먹으니까 살이 금세 오르더라고
눈에 보이는 건 그놈들이 제다 뺏어 가던 시절,

정월 보름에 달불 놓고
솔가지 쌓아 놓고 빌기도 나수 빌었어
이제 구십이 넘다 보니 그것도 다 못추레

자네 달불을 아능가 몰러!

야시시

가리고 씻고 불려 삶고 갈아 끓여 자루에 넣고 짜
비지는 비지대로 띄워 비지장 만들어 김치 넣고 뻐글뻐글 덜쩍찌근하게 끓여 먹고
띄우는 품 여간 많이 드는 게 아녀

뜨끈한 거 먹여 보내려고 식전부터 똥싸게 바빴다고
비지를 짜낸 콩물이 몽글몽글해지고 아기 엉덩이보다 큰 주걱에 간수를 흘러내리게 차르르 뿌려 주면서 고루 퍼 뜨려 주면 눈꽃처럼 엉겨 붙어야 야시야시하게 돼
비지를 짜는 막대기도 깨까시 깐쫌하게 세워 놔야 안 썩고
맹글기는 힘들어도 먹어 보고 다들 맛있다고 하니 또 하는 겨
몽글몽글 구름 꽃송이로 뭉쳐지면 밥보자기 깔고 부어 주면 돼 이케 깨끄시 해야 뎌
들기름 찌끄래기노 인 버리고 뒀다 콩 간 데다 넣어주면 거품이 삭아져 시어미와 미깔시런 시누 헷딱삐딱해도 우짤 겨
구뚜름한 순두부 한 그럭씩 멕여 놔야 힘 부친 거 막아 낼 수 있능 겨

막은골

휘어진 발꼬락 볼 때마다
사람들은 묻는다 어디 다쳤냐고
발에 맞는 신발 신어 본 적 없어
신발 문수를 알 리가 없지

도시락 못 싸 가는 날이 허다분했고
눈치 없는 발가락이 쑥쑥 자라
신발에 발을 맞추느라 발꼬락도 질이 나나벼
형 누나가 신던 신발 어디 신발뿐인가
가방 윗도리 바지 대물려 입는 겨
한 번도 들이대지 않았어
되받아 친다고 거역할 수 있는 것도 아니고
발꼬락 한번 쫙 펴보는 게 소원이었지
스스로 심이 생겼을 때
제일 먼저 달려간 태화고무상회
휘어진 세상 신창 닳으며 건너온 시절에
궁핍했어도 피붙이가 그립다고

뚱딴지 꽃

이 뷕 저 뷕 드나들기 싫어
한자리서 꽃무더기 피고 지듯
그리 살아야 하는 줄 알었어
내 속으로 난 자석들 내가 책임지야 하고
고것들 지대로 올바로 키냉기야 할 일 하는 기고

꽃모종 삽목할 때 새로 나온 순애기를
모근 옆에 싱구고 물 주며 에미 옆에서
튼튼하게 뿌랭이 내려 자리 잡으면
옮겨 줄게 혼잣말 잘하던 경순 씨

울퉁불퉁 튀어나온 손가락 마디꽃

송구떡

 소나무 속 껍질 벳겨서 잘게 찢어 물에 우려야 혀 물에 우려 낸 껍질은 말캉하게 돼서 나른햐 물을 쏙 빼서 돌절구에 넣고 퍽퍽 빻아 주고 그걸 푹 고아 삶어 부들부들 눅주그리해지고 야질보레해지믄 그걸 보릿가루 멥쌀 찹쌀 가루 버무려서 시루에 쪄 내고 안반에 놓고 치대서 썰어 콩가루에 묻혀 먹음 베들베들해진 거이 메닐메닐햐 떡을 맹글어 먹는 겨 전쟁때나 굶주림에 허덕일 때 떡으로 맹글어 먹었던 초봄판이 구수무리해지는 추억의 맛여 떡을 해 먹기도 하고 가루를 말려서 됐다 쓰기도 햣어

 송구떡은 잘 상하지 않아서 토광 항아리에 넣어 두고 먹곤혔어 곰팡이가 살짝 슬면 그걸 물에 씻궈서 다시 한 번 쪄주고 챙지름칠 해서 먹기도 하고 콩고물도 없는 집덜은 미숫가루 묻혀 먹고

 소낭구가 주는 구뚜름한 떡여

쫌생이별

　이월은 남의 달이라 했어
　뭐가 붙어 올 수도 있으니 벌벌거리고 나댕기면 안 된다고
　이월 바람할망 삐치면 한 해가 드럽다고

　큰 일 때마다 달구새끼 한 마리만 들고 오는 아재가 있었어
　조상 모시는 일인데 먹고살 만해도 제우 닭 한마리
　술은 한 판애기씩 마시고 가면서 생긴 걸 봐
　찌찌구리하게 대추씨처럼 생겨서 맴보도 고렇게 밖에 못 쓴다고
　째찌하게 잦달아 빠지면 생긴 대로 논다고 그게 다는 아니지만

　이월 초하룻날 뷕 장꽝 정안수 올리고 비적지근한 건 안 먹고
　정월 그믐날 대문 토광 뒷간 문전에 황토를 양짝으로 한 삽씩 깔고
　푸른 소낭구 가쟁이를 짤러 대 만들고 문종이 찢어서 대 위에

쩜매 매달아 빌기도

달착지근한 감주 흐유꾸름한 흰무리 싸 들고
뒷동산 자질보레한 쫌생이별 따러 가자시던
할무니 생각

새깽이 감자

자두나무 밑에 감자를 심었다
늦되게 커 가는 감자싹 디다보면서
막은골 조씨 아재 고수 한마디
남들 감자 캘 때 꽃은 피우겠나

자두는 붉으디디하게 익어 가고
감자 싹이 누렇게 배들배들 마르고

그늘 밑에 감자가 영그냐
땅속도 그늘 아닌가요
위에 있는 양분이 뭣꼬?
햇볕 바람 비를 온몸으로 소화해 내야 속도 알찬기다
달롱대가리 같은 새깽이 알감자만 종알종알
알감자 조려 겅거니나 해 묵으라

농사가 쉬워 보이시 아무나 하는 게 아녀

비질

아 글씨
내 안방 문 옆댕이 앉아서 보고 있자니까
방바닥을 쓴답시고 쓰는데 바까티로 쓸어 내야지
우짠 놈의 비질을 안으로 쓸어 들이는 꼴이라니
츰 봤어 글른 겨 텃드라고
먼데기를 안에서 바까티로 홀 쓸어 내야지
하나를 보면 열을 아는 겨 비질도 못 하는 여자를 각시로 둬서 뭐 하겠어
욕을 한 판애기 퍼붰더니 보따리 싸 짊어지고 끄대가더니 그질로 안 오데

장목수수 수수빗자루
갈대 댑싸리 싸리 빗자루
빗자루 매 달라고 재주쟁이였어
꽃비라고 들어 봤어
색색의 헝겊이나 실로 모양을 내어 엮어 주는 겨 야무지게 싸고

마당 쓸듯 마음 쓸어 내고 비질은 마음의 먼지 털어 내는 겨

배꼽마을 희분이

개복골 무리 느름실 즘동 소고리미 물건 상골 또랑에서 금이 난다 하고 저짝 산에선 탄광이 들어와 물줄기를 건드려 샘 줄기가 막힌 거여 모두 떠났지
고 너메 돌무 베깥돌무 새터 더디기 웃소대 아랫소대 새터에서 열시 살에 나왔어
물이 나야 살지

스무 살 싸리재 넘어 가마 타고 시집 오는데 산말랭이 못 올라간다고 내려서 걸으랴
올라갈 때 올라 배킨다고 내려갈 땐 내리백힌다고 말랭이서 가마 작대기를 하나 빼드라고 휘이휘이 휘두르메 뭬라고 씨부렁대고 둠벙물 지나야 하는디 까꿀로 처박힌다나 우수워 죽겠는 겨 새댁이 웃는다고 방정맞다 할까버 속으로 웃는데 미쳤지 웃음보가 터져설라믄 멈추질 않는 겨 손 싸개로 얼굴을 가리고 쿨쿠덕거리니까 가마꾼들이 시집 갈 생각에 서러운가 보라고 우스워 환장하는 줄 알었어

시집 오기 전날 할머니가 앉혀 놓고 머리 빗어 주메 하루 참으면 열흘 편하고 열흘 참으면 평생이 편한 기다 으른들한테 말대답하지 말고 조용히 끌어안고 지내다 보면

밝아 가느니라 했어 살다 보면 꼴갖잖은 것들 깐만히 보고 제 아무리 제랄 떨어봐 으짓잖이 다뤄 놨다간 깐봐서 안 돼 고럴 땐 한번 되게 다뤄놔야 하는 겨 주둥이만 살아서 변덕이 죽 끓이고 유두갑 니두갑 떠는 것들은 뽄대를 뵈 주야 햐 가만히 있으란다고 아무 짓도 않고 있으면 가마니여 보재기여 할 말은 해야는 겨 씨특빼특 안 함 되는 겨

    가마 타고 배꼽 빠지게 웃다가 싸리재 넘어 왔다고

    매사 입이 초사여

나비댁

 늦가을 키 잘 까불르는 모냥이 여뻐
 매화골에서 소문 듣고 중매쟁이를 붙였대
 산에 가서 나물 뜯어다 놓고 취는 취끼리 원추리 따로 나물 가리라 했드니 뒤흔들어 놓는 겨 무슨 일을 할 땐 앞에서부터 되게스리 하나씩 해 나가야 하잖아
 한마디 하면 열 마디 앙삭을 해 쌓는 겨 꽁애빙아리마냥 꽁알꽁알 꽁시랑거리메 앙삭을 하고 골타구질에 저지레를 하는데 혼자 뵈기 아깝 드라고 늙은 시어머이 들에 가서 일을 해도 야마리까질 메늘아기는 코 끄트머리도 안 보이는 겨
 츰 봤어 본디없이 큰 것 같지는 않은디 신문지 쪼가리나 뒤적거리고 글푼깨나 배웠다고 속 뒤집어져 에어멈이 꽃은 좋아햐 까시락지진 않은디 속을 당췌 모르겠더라고
 일만 가자면 벌렁까져 갖고 누워 있는디 가관도 아녀
 남들헌티 흉도 못 보고 아쌀하긴 해 티미하거나 뺑덕에미마냥 니빌거리진 않고 왁 되게 다뤄 놓은 뒤로 깝삭대지도 않고 나대지도 않드라고 쓸데없이 도얄도얄하거나 대추씨마냥 쪼조부리하진 않어 동지간에 쏘삭질을 한다거나 헷딱삐딱 변죽을 부리지도 않고 다른 건 모르겠고 키질 하나는 잘햐

>
　가뿟가뿟 나비 춤추듯
　매화골 나비대 나비질

패싸움

 뭘 꼬나봐 깨부셔 버릴 겨 흰소리 치고 뎀벼봐 개박살 날 줄 알어
 달음박질하고 뒤돌아 멀대 같은 게 망을 잘 보야지 어절부리한 새끼들만 있으니
 걱정하들 말어 씨부렁거리다 좆 꼴리는 대로 해라 아랫뜸 애들 모두 턱주가리 한 대씩 멕여 주고 날려 버리자 깝샥거리는 놈들하곤 상종을 말어야 햐 박새 새끼마냥 요기 붙어 먹고 조기 붙어 먹고 고런 놈들은 작살을 내야 뎌 우리 쪽수에 눌렸나 싶었는데 쪼다같이 멀대추니 같은 숭맥이 가만히 서서 소리만 지르고 이죽거렸다 느까짓것들한티 맞을 것 같으면 나오지도 않았어 아무나 대장이 되는 게 아녀 우린 다 대장여 깐족거리다 죽을 때까정 맞어 볼텨 깝냥도 안 되는 것이

 한여름 왕성하게 담을 넘어 오던 칡덩굴 찬바람이 한 대 멕였나 엉 내가리가 없디 둠벙 방개도 물살 헤집고 묽이랑이 맹글며 제 집 찾아 자그락거리며 들어가고 윗뜸 아래뜸 여름 날망에서 한바탕 버쿠녕 치고 돌아가는

옥씨기 묵

옥씨기 노랗게 여물면
따다가 제 훑어서 맷돌로 갈어
곱게 간 강냉이는 잘 짜야 하는겨
찌꺼기는 죽을 쑤고 걸러진 앙금으로 묵을 쑤는 겨
물과 불 잘 맞춰야 묵이 잘 된다고
졸이다가 물을 붓고 또 붓고 하여 농도를 알맞게 해야
메닐메닐하고 얇으디하게 맬캉맬캉하면
잘 쒀진 겨
옥씨기가 을메나 착하냐 하믄
술 떡 묵 밥 엿도 되고 못 맹그는 게 읎어

하필 그 더운 삼복 고쿠락 앞에서 불을 지피고
메느리 골쿠는 것도 가지가지
삼복에 굳지도 않는 묵이라니
물 조절 불 조절 대가리 쥐나

부뚜막에 걸터앉아 서럽게도 울던
간이 무슨 필요가 있어

제4부

하루를 밀고 가는 사람

발자욱 남기지 않는 오리처럼

장맛비 시작인데
장미와 수국
걱정을 심었다

마른 땅 깊숙이 빗물 스며
썩지 않는 기도를 심고
빗소리 핑계 삼아 울어 보기도

저수지에 놀러 온 오리 떼처럼
수국빛 하늘을 올려다 보기도

이 비 그치고 나면
산으로 가야지

장미 꽃잎에 빗소리 남기지 않고
발자욱 남기지 않는 물오리처럼

꿀벌 아저씨

꿀벌 78억 마리가 사라진다고
뉴스는 연일 답 없는 호들갑만 쏟아 낸다

2키로 이상 가면 길 잃을 텐데
밥상 위 신발만 소복하게 남기고
세상사 만화방창 돌아 오는 길을
잊은 건 아닌지

샘물 파고 물길 만들어
향기 꽃 더 많이 심고
채양 내 달아 비 가림도 해 줄게
지난 봄 똥값 걱정은 안 해도 돼
세차비 정도는 얼마든지 지불할게
이놈 새끼들 말도 없이 뛰쳐나가
고랑탱이 멕인다고 북쪽 하늘로
근심 한 보따리 마중하고 돌아설 때

분홍낮달맞이 꽃 위에 꿀벌 아저씨
꽃향기 따고 있다

방울나무

어림잡아 보아도 백 년을 넘은 나무가
앙상하게 기둥만 남긴 채 지붕을 덮을 것 같다
지나가는 사람마다 저 나무는 왜 저래
차라리 베어 버리든가 흉측하게 꼴도 보기 싫네 하며
저 나무가 쓰러지면 사람 다치겠어

병든 몸 누이려 도시를 떠나 자연인으로 살겠다는 유 씨
우람한 나무가 멋있다고 그 나무 아래 황토집을 짓고
산나물 뜯어 먹으며 오래도록 살고지고 하려는데
유 씨의 몸이 점점 더 망가지는 것이라
터줏대감처럼 마을을 수호하던 나무의 그늘 때문이라고
자기의 통증을 베어 버리듯 모두 싹 죽이는 약을 쳤다고

한 세기 동안 그 자리에서 길잡이가 되고
낭구해 갖고 오다 지게를 받쳐 놓고 기대어 땀 식히던 그늘
나무꾼에겐 휴식처요 뻐꾸기 꾀꼬리 울새에겐 놀이터요
고라니 너구리에겐 안식처가 되었건만
누구의 허락도 받지 않고 나무를 없애려는 고약한 심보에

마을은 "나무가 동티 난 게야" 소리로 울렁이고
동네 사람들 입에 올라 송사로 시비가 붙은
유 씨의 쇠약해지는 모습에 안됐다는 사람은 없어도
나무 그늘이 무슨 죄냐고 무너지고 부서져 가는 나무에게
술 한잔 건네 주고 껑꺼무리해지는 시간이면
부엉이는 우람했던 나무를 달래고 있다는

낭구 보살

낭구 베러 가는 순영 아범 등 뒤에 대고
암 거나 갖고 와도 안 되고 잘 짤러 와야 된다고
머리에 이든지 지게에 지고 와야지
질질 끌고 집안으로 들어오면 동티나
안 그르믄 삽작거리에 세워 놨다 묵힜다 갖고 들어오든가

길순이 아부지 안마당 그늘 들고 낭굿잎새 떨어지면 갈고친다고
감낭구 가쟁이를 베어 버렸대잖어
우짠 일인지 달밤에 마실갔다 오는 질에
베랑 끝으로 넹겨배켜서 다리 부러지고 허리 못 쓰게 됐댜
감낭구처럼 부정을 젤로 잘 타는 낭구도 없대
그 질로 아랫묵 신세 돼 번지고 지실이 들어 오래 못 갔어

부지깽이 바지랑대 지게작대기
낭구도 속알맹이가 있는 겨

올미묵

보자기로 찜맨 찬합 들고
진외갓집 심부름 가던 논두렁 길

고쿠락 불 당번 할머니 엄마
주걱으로 눌지 않게 젓다가
치자 맨드라미로 물들인
야들야들 탱글탱글

애어멈 젖 부족할 때
배곯을 때 쑤어 들기름 쳐 먹으면
꼬숩기가 깨소곰 저리 가라여
잡초로 만든 쫄깃한 올미묵

별수국

두 사람이 풀을 뽑는다
무릎 꿇고 기어 다니면서
한 포기씩 잡고 쏙쏙
하늘로 엉덩이 치켜들고
북북 뜯는
그렇게 해서 저 많은 걸 언제 다 뽑냐고
궁시렁 한 웅큼 잡고 끄들르며 지나온 자리
금세 수북하게 덮어 버리고
설 쥐뜯어 놓으면 일나일나
뿌랭이를 완전히 캐야 돼 깨까시

풀은 뽑는 거지 뜯는 게 아니라고
하나씩 쏙쏙 뽑아 올린 자리
새가 흙바닥에 뒹굴기 좋게
기어 다니면서 애들 위해
블루베리 아래 풀을 뽑고
엉덩이 치켜들고 차나무와
제비꽃 위해 풀을 뜯고

쏙쏙 뽑는 마음

북북 뜯는 마음
풀 뽑는 이유와 목표는 달라도
수국 앞에서 돌콩 줄기 걷어 주고
수북하게 피어나는

땅꽃

편지 대신
꽃씨를 보내온 사람

그대라는
마음을 심고

물을 주고
그리움으로 키웠다

꽃이 피고 지는
계절만큼 살다가
꽃송이만 한 그리움
피어나거든

편지할게

요강꽃

똥냄새처럼 심하게 내우하는 게 또 있을까?
들척지근한 호박 삶은 냄새
애기가 안 보여 애기가 없어
팔에 안고 있었던 듯 안는 시늉하고
보퉁이 하나 들고 현관문에 매달려
문 열어 달라고 고함치는 손을 잡고
조 선생이 멀고 가차운 곳으로 간다

깍두기를 내리자
왜 이래유 집에 가야 해유
어눌하게 추켜 올리고

애들만 집에 두고 와서 얼른 가봐야 한다고
기억이 멈춘 그곳, 애들 어릴 때
장사하러 다닌다고 목에 가시처럼 매달고
미주알이 빠지도록 지나온 세월

세상 어디에도 숨기고 싶었을
은밀한 그곳의 뭉클한 그것,
죽을힘 다해 살았던 기억의 소멸

눈물 꽃처럼 피어난

체키화

툭
던져만 놓고 꽂아만 놔도 꽃이 핀다 했어
씨를 뿌려 보기도 모종 얻어와 심기도
접시꽃 같은 마음으로 정성이 지나친 건지
사랑의 방법이 달랐던지 추위 때문인가 싶어
덮어 주기도 볕이 적은 탓인가 많은 탓인가
시름만 앞세워 뿌리 내리지 못했어
가끔 무관심이 약이라고
잊고 지낸 초여름 대여섯 포기 자리 잡았고
노심초사로 꽃망울이 맺혔지
맨바람 마른바람 거세게 불어와 비를 쫓고 산을 흔들 때
옆으로 비스듬히 쓰러지는 꽃대끼리 묶어 기대게 해 주었지

접시꽃 따라 설떨해서 떠 댕기던 마음
들어앉히고 눌러 앉히려는 뜻으로
바람이 보내 준

용건 씨

목을 분질러 걸쳐 메고
어제의 용사처럼 들어 오는 용건 씨
부숴서 씨를 털어 내, 그라고
흙을 조금 걷어 내고 얕이 묻어놔 봐
열나흘 정도 지나면 껍질을 이고 나올 겨
손가락 길이 만큼 올라오면 가생이로
팔꿈치만큼 띄워서 쿡쿡 꽂아놔 봐
뺑 돌려서 심어 됐다 벙싯벙싯거리면
내 생각 날 겨

해바라기 한 송이
온 밭 황금으로 물들였네

시비 걸지 마

꽃처럼 꽃같이 살겠다 말하지 마
가진 게 많고 얼굴이 큰 꽃이라고
향기마저 크지 않고 음악 소리도 들녘에 핀 산벚꽃도
멀리서 볼 때 아름답고
작은 들꽃 향기 천 리를 간다잖어
마음 전할 사람 하나 두면 그뿐

꽃에게 시비 걸지 마!

달롱대가리

달롱대가리는 어쩌고 머리만 베어 왔냐고
지청구 한 보따리 듣는 개분
이게 무슨 달래냐고 달롱달롱 옥신각신
이걸 먹으라고 가져왔냐
양심은 오시래에 처박아 두고 왔냐
달래는 달롱대가리를 캐 와야지
개분이 내년에 또 키워서 베 먹어야지
부추나 베서 먹지 누가 달래를 베어먹냐
달롱대가리서 향이 나는 거지
야마리까질 옛다 너나 먹어라

승깔난 순분이 달롱대가리 두고 온 개분이
옥신각신 엎치락 뒤치락 달롱대가리 놓고 두재비 한바탕

아버지

 소나무 큰나믄 순애기가 계속해서 나오잖어 봄철 물이 한참 오를 때 상순애기가 이만큼 질어 그거 뚝 분질러서 겉껍데기는 벗겨 내고 속에 속껍떼기를 벗기면 물이 올러서 번즐번즐햐 그놈을 한입 넣고 씹으면 막 단맛이 줄줄 흘러나와 꼭꼭 씹어 먹기도 하고 돌로 찧어서 씹으면 달착지근한 게 끔 같어

 접때 순이 댕겨갔어 삽삽하고 상냥했는데 여전하데 짬짬할 때 가끔 생각나
 맛있는 거 먹을 때 시방도 오빠 생각 난댜
 한 말씀 던지시는

꽃들은 위대한 장사

　기운도 씨어 풀을 이기고 피어나는 걸 보면 대단한 겨
　고집도 씨어 줏대도 있어 물 한 번 주지 않고 거름 한 번 제대로 쩌져 주지 않았어도 또 으떤 것들은 지지한 거 가져다 꽂아만 놔도 즈들끼리 어우러져 피어나는 걸 보면 대견햐
　등나무나 나팔꽃은 고집이 얼마나 센지 못 당해 남의 등을 자꾸 타고 올르기에 볼 때마다 옆으로 돌려놔도 다음 날 가 보면 다시 그 등에 업혀 있어 근기도 있는 것여 뚝심이 있어

홍로자두

아무 말 없이 익어 갔다
자두가 가지에서 떨어지듯
슬픔은 소리보다 먼저 왔다
하루를 밀고 나가는 사람처럼
방 안에는 나와 그림자 하나
바람도 들어오지 못하게
내 안의 날씨를 견뎠다

벽에 기댄 채 조각난 말들,
눈빛과 무심한 침묵은
기억하지 않으려 했다

다시는
마주하고 싶지 않은 그 계절에
자두 향기 바람으로 오면
나는 발갛게 익어간다

구름 인연

청개구리 장꽝으로 올라가고
굴뚝으로 개미들 이사 가면 비가 오능 겨
동쪽 하늘에 구름이 암만 껴봐라
서쪽 구름이 껌껌해져야 비를 몰고 오능 겨
빼큼빼끔 껌껌해지는 거 보니 되게 한줄금 하겠어
어느 구름이 비를 안고 오는지
어느 꽃에서 향기가 많은지 누가 알까?

바람이 말을 걸었을 뿐인데
먹구름 되어 한줄기 소나기 온다
햇기 좋은 날 젖은 웃음 말리려
산허리에 몸을 기대고
구름모자 쓰고 꿈결엔듯 만났다가
작별하는 법을 몰라서
마중도 못 하고 뒤돌아설 때
어디선가 또 다른 인연으로 만난다 해도
만나고 헤어지고
다한 인연에 밑줄 긋지 않는

산당화

용마루에 빨간색 옷 입고
날폿이 앉아 있는 한 여자
어떤 날은 방 한쪽에 앉아 있는데
아무 말도 안 하고 있다 가더라

저 여자 죽으려나 봐 저 여자 죽것네
꿈자리 사나워 잠 깨고 소문만 요란했다
이리저리 뛰댕기다 으지가지 갈 데 없고
아무티도 연락 않고 베싹 마른 세월

솜씨 좋고 눈썰미가 뛰어나
타국으로 날아가 옷을 맹글고
자방틀 돌려 철마다 비단물결
딸내미 넷 중에 제일이라고
제우 산당화 한 벌 두고 간

목화

엄마, 세상에서 제일 포근한
이불 한 채 지어 주어야겠어요
사진 같은 기억 품고 온 딸에게

보자마자 포옥 머리를 묻고
가득 안기는 아이

얼마 만이야 어디 갔다 왔어 우리 엄마

응석 부리고 일러바칠 곳 없는
달려가 울 수 없는 엄마

우린 서로의 가슴으로 알 수 있었어요
딸아이 등을 토닥이면서 그리움으로
허기지게 살아온 것은 너뿐이 아니라고

한 번 더 딸아이를 꼬옥 안는데
내가 엄마한테 그랬던 것처럼

달큰한 목화 향기가 났어요

천칭만칭 구만 칭

2025년 11월 28일 초판 1쇄 발행

지은이 　성춘희
펴낸이 　유정환
펴낸곳 　도서출판 고두미
　　　　등록 2001년 5월 22일(제2001-000011호)
　　　　충북 청주시 상당구 꽃산서로8번길 90
　　　　Tel. 043-257-2224 / Fax. 070-7016-0823
　　　　E-mail. godumi@naver.com

ⓒ성춘희, 2025
ISBN 979-11-91306-76-7　03810

※ 이 책은 충청북도, 충북문화재단의 후원을 받아 예술창작활동
　지원사업의 일환으로 발간되었습니다.
※ 책값은 뒤표지에 표시하였습니다.
※ 잘못 된 책은 구입한 곳에서 바꾸어 드립니다.